AF453672

LE SECRET
DE RETARDER
LA
VIEILLESSE,

OV

L'Art de rajeûnir, & de conſeruer la ſanté, ſelon les maximes des plus celebres Autheurs de la Medecine.

A PARIS,

Chezla Veuue Gervais Alliot, & Gilles Alliot ſon fils, Libraire Iuré, ruë Saint Iacques, proche Saint Yues.

M. DC. LXVIII.
Auec Priuilege du Roy.

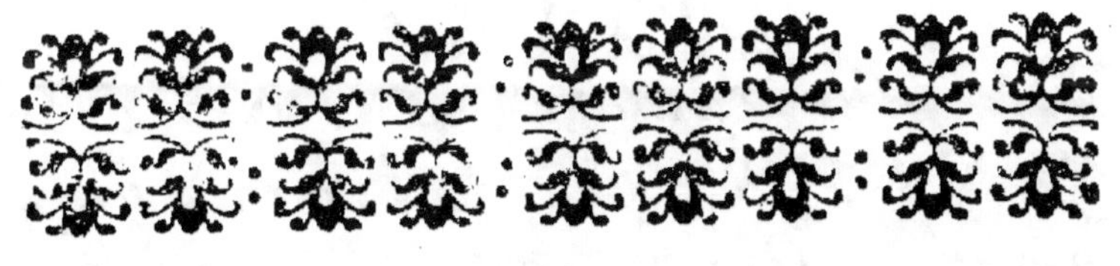

A

MONSEIGNEVR

MONSEIGNEVR

SEGVIER

CHANCELIER DE FRANCE,

Duc de Villemaur.

ONSEIGNEVR,

Si les plus renommez Auteurs de
ce temps, doutent de pouuoir mettre
l'Illustre nom de Seguier à la teste
de leurs écrits, parce qu'il y en a
peu qui en soient dignes ; Ie dois

ã ij

EPITRE.

bien plus craindre, *MONSEI-*
GNEVR, pour celuy que i'ose
vous presenter, dont les deffauts
n'échaperont iamais aux lumieres
d'vn esprit si éclairé que le vostre,
ny à la force d'vn iugement qui
se fait connoistre dans les choses les
plus importantes.

L'èclat de cette dignité, *MON-*
SEIGNEVR, où vostre merite
extraordinaire, vous a éleué, pour
presider sur le premier Tribunal de
la Iustice du Monde, & l'heureuse
durée de vostre Ministere pour le
bien de cét Estat, sont les marques
publiques de ces veritez, que mon in-
suffisance & la grandeur du sujet
m'empeschent de pouuoir exprimer.

Et comme de ces Vertus que vous
possedez toutes, *MONSEI-*
GNEVR, dans vne entiere
perfection, il y en a vne qui conuient particulierement à la ma-

EPITRE.

tiere de cét Ouurage, Ie veux dire
la temperance que vous gardez si
soigneusement dans l'vsage des
choses qui concernent la santè, &
qui vous ont conduit heureusement
dans vn âge qui est encor si florif-
sant pour le bon-heur de la France; C'est, MONSEIGNEVR,
ce parfait modelle que ie prens la
liberté de proposer au public, comme le plus puissant motif, pour le
persuader de profiter d'vn si bel
exemple.

Mais comme il n'y a personne,
MONSEIGNEVR, qui
n'ait autant de veneration pour
vos sentimens, que pour vostre Personne; Ie ne dois pas douter en
mesme temps, que vostre iugement ne soit suiuy de celuy de tout
le monde; & que si l'Auteur &
son dessein ont ce mal-heur de vous
déplaire, que ce ne soit aussi vn

ã iij

sentiment vniuersel. Ainsi MON-
SEIGNEVR, il est de vostre bonté, que vous receuiez fauorablement
cette épreuue des foibles productions
de mon esprit, que mon zele plustost
que ma profession m'a inspiré de
vous consacrer en cette année, que
Nous auions veu renouueller auec
ioye (par vostre conseruation) si cette satisfaction n'auoit esté troublée,
par la perte inestimable que cette
Monarchie a faite de la meilleure Princesse qui ait iamais regné.

C'est, MONSEIGNEVR,
ce triste sujet qui m'a mis au cœur
ce dessein (peu conuenable à mon
employ) mais que mon inclination
à vous honorer y a fait naistre dans
cette affliction publique, où mes
vœux redoublent pour la longueur
de vos iours.

J'ay suiuy en cela, MON-
SEIGNEVR, le desir de toute

EPITRE.

ma famille, qui a le bon-heur de
ne vous estre pas inconnuë, & que
vous sçauez auoir tousiours eu les
mesmes sentimens d'estime, & de
respect.

Mais, MONSEIGNEVR,
comme il y a sans doute beaucoup de
temerité, de dédier vn essay impar-
fait, comme celuy-cy, à vn si grand
homme ; C'est auec vne profonde
soûmission à vostre grandeur, que
ie prends cette liberté, qui ne peut
estre excusable, sinon en ce qu'elle
procede des souhaits que fait pour
sa conseruation & pour sa santé,

MONSEIGNEVR,

DE V. GRANDEVR,

Le tres - humble & tres-
obeïssant seruiteur P. D.

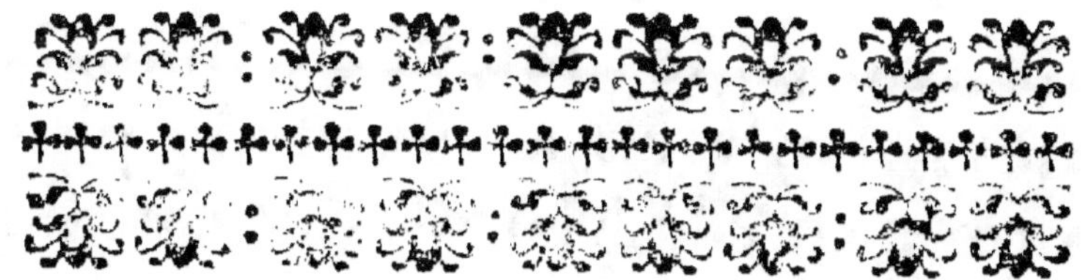

PREFACE.

E n'est pas sans raison
que les Grecs & les
Romains ont estimé
autrefois que c'estoit
vne si belle vertu de se connoistre soy-mesme, & que
quelques Philosophes ont crû
que le precepte qui nous en est
donné partoit de l'Oracle de
Delphe, & que d'autres ont
soustenu qu'il estoit sorty de la
bouche mesme d'vn Dieu,
puis que c'est la premiere maxime sur laquelle le sage Chrestien doit reigler ses mœurs &
la conduite de sa vie; parce
qu'on voit par experience que

A

PREFACE.

de toutes les sciences humaines, il n'y en a point de plus noble que la Morale; & que de toutes les connoiſſances que l'on peut auoir ſur la terre, il n'y en a point de plus importante ny de plus neceſſaire à l'homme que celle qu'il doit auoir de ſoy-meſme ; C'eſt pourquoy il eſt obligé de la rechercher auec tous les ſoins poſſibles, puis que cette connoiſſance ne nous découure pas ſeulement le ſouuerain bien, mais qu'elle nous met infailliblement dans le chemin qu'il faut tenir pour en auoir la joüiſſance. Et comme de toutes les vertus que la Morale nous enſeigne, il n'y en a point de plus recommandable que la temperance ; il ne faut pas douter que la moderation dans l'v-

PREFACE.

fage des chofes qui peuuent
nuire à la fanté , ne contribuë
fortement à la felicité que
l'homme peut goûter dans le
monde ou dans le Ciel , felon le
precepte que nous en donne
l'Oracle du Chriftianifme, lors
qu'il nous exhorte de viure en
ce monde *fobrement* , *iuftement*,
& religieufement , nous faifant
connoiftre par ces paroles que
la fobrieté eft le fondement de
la Religion & de la Iuftice.

La temperance qui conuient
à ce fujet confifte particulierement dans l'vfage des alimens
& dans la conduite des actions
de l'homme, qui conferuans ou
deftruifans la fanté nous rendent vtile, ou à charge au public, ou à nous-mefmes; car l'in-
firmité du corps caufée par le
déreiglement du boire, du man-

A ij

PREFACE.

ger, ou de celuy de nos actions, nous rend touſiours mal-heureux ſur la terre, durant le cours de noſtre vie, laquelle par ſa langueur nous eſt ſouuent moins agreable que la mort, au lieu que la perſonne qui eſt ſoigneuſe de la conſeruation de ſa ſanté, vit auec plaiſir en ce monde, meſmes dans les trauerſes qui s'y rencontrent; comme tout au contraire les autres ſont miſerables dans les plus grandes proſperitez, s'ils manquent de ſanté.

Auſſi c'eſt vn aueuglement déplorable dans le ſiecle ou nous viuons, meſmes parmy les plus honneſtes gens; & il eſt eſtrange de voir l'auidité des hommes & leur attachement pour acquerir des biens apparans, & leur indifference ou

PREFACE.

pour mieux dire leurs mépris
pour les veritables ; car il est
certain que la santé est le bien
le plus effectif de tous , & que
sans elle nous ne goûtons iamais la douceur des autres.

C'est ce qui a fait dire ces
belles paroles à Hyppocrate ;
*Que celuy qui veut viure à son
aise ne desire point ce qu'il ne peut
auoir ; & que celuy qui veut auoir
ce qu'il desire, ne desire que ce qu'il
peut auoir ; & ces autres , qui
veut viure paisiblement en cette
vie mortelle, soit semblable à celuy qui est inuité à vn festin, qui
remercie de tout ce qu'on met deuant luy sans se plaindre des deffauts qu'il peut y auoir , mais qui
en sçait faire le discernement & vn
bon vsage.* Car en effet l'on voit
par experience qu'il n'y a rien
qui nuise tant à la santé que

A iij

PREFACE.

l'abandon des hommes à toutes fortes d'excez pour acquerir des biens (la plufpart paffagers) aux dépens de leur fanté.

Cette maxime n'eft pas le fentimēt d'vn particulier, mais celuy des Sages, Anciens & Modernes. Celfe appellé par excellence l'Hyppocrate Latin, nous apprend, *que tout excez eft ennemy de nature.* Platon appelle l'intemperance au boire & au manger *l'amorce de tous maux.* Bion dit qu'elle eft *le tombeau de la raifon & de la fanté.* Et Hyppocrate & Galien (les deux plus fçauans hommes de l'antiquité, Reftaurateurs de la fcience de la Medecine qui auoit efté perduë pendant plus de cinq cens ans depuis le temps d'Æfculape premier Autheur de cét Art) efleuent fi haut la

PREFACE.

ſobrieté, & l'abſtinence (qui ſont les premieres eſpeces de la temperance) qu'ils aſſeurent que le bon temperament du corps fait naiſtre les vertus, & ne leur en donnent point d'autre ſiege.

Ce dernier aſſeure auſſi que la bonne mine & la beauté du corps ne s'entretiennent que par l'ordre au boire & au manger, & que le déreiglement en l'vn & en l'autre l'amaigriſſent & deſſeichent, & le font vieillir auant le temps. *L'integrité de la nature* (dit Hyppocrate) *conſiſte en la mediocrité.* Et Phocilides dit, *qu'il faut manger & boire moderement & auec proportion, pour conſeruer la ſante, & que la meilleure maniere de viure eſt d'éuiter tout excez.*

La nature (dit vn Ancien) *peut*

PREFACE.

bien fauoriser le corps d'vne bon-
ne constitution, mais que l'excez
de la bouche peruertit toute son
œconomie, & paye cherement le
plaisir de son intemperance; C'est
aussi ce qui a fait dire au Sage, *que la bouche en tuë plus que*
le glaiue.

Entre les accidents que cause
l'abondance des viandes, leur
diuersité y contribuë beaucoup, car anciennement les
hommes viuoient plus long-
temps & plus heureusement,
parce qu'ils viuoient plus frugalement, & n'auoient pas en
vsage ces differentes viandes
que la curiosité à inuenté fort
inutilement, & pour la ruine
de la santé, sur tout les ragousts
qui excitent souuent inconsi-
derement vn appetit qu'il fau-
droit pluftoft reprimer ; c'est

le sentiment vniuersel des doctes de l'Art, & l'experience
n'en confirme que trop souuent la verité par la plus grande partie des maladies qui arriuent au corps. *L'excez des
viandes (dit* Hyppocrate *) fait
amas au corps d'vn tas d'humeurs
indigestes qui venans à se corrompre destruisent la chaleur naturelle
& hastent les maladies & la vieil-
lesse, sur tout à vn corps infirme,
lequel plus on nourrit plus on le
blesse.* Mais comme *le sommeil de
santé (dit le* Sage*) sera en l'homme sobre ;* au contraire, *l'excez des viandes trouble son repos,
& luy donne vne nuit inquiete (*dit
Gallien.) De mesme *dans le vin
(*dit S. Paul*) est la luxure. Son excés (* dit Pline *) est vne mer ora-
geuse dans laquelle la sagesse & la
vertu font naufrage ; il peruertit*

PREFACE.

le jugement , & est le leuain de
toutes sortes de vices ; c'est vn feu
qui consomme l'humeur radical,
& lequel par sa chaleur estrangere
chasse la naturelle ; il est ennemy
du cerueau & des nerfs , le pere des
rheumes & de plusieurs maladies,
comme epilepsie, apoplexie, para-
lisie, fievres malignes, & la principale cause de la goûte. Et Platon
dans son Timée dit, *que le vin
est le poison du corps & de l'ame
parce qu'il suffoque la chaleur naturelle & les esprits, & abolit les
plus belles facultez de l'ame qui
resident au cerueau.* Mais *la sobrieté qui est dans le boire & le
manger* (dit S. Hierosme) *est
tousiours accompagnée de la cha-
steté, de la pudeur, & de la bien-
seance ; il rapporte aussi qu'Hyppocrate auoit de la modestie, de la
douceur, & de l'humilité ;* C'est

PREFACFE.

par la mesme raison qu'Hesio-
de conseille de mettre la quatriéme partie d'eauë dans le
vin, & qu'il louë sa qualité, lors
qu'il dit, *que le vin moderement
trempé engendre non seulement les
bonnes humeurs, mais qu'il ame-
liore & purifie les mauuaises.*

C'est cette conduite Morale
qui a fait surnommer Hyppocrate le Diuin, non moins pour
l'exacte obseruation de ses Preceptes, que pour la profondeur
de sa science, dont l'exemple a
seruy depuis d'vne instruction
si importante au bien public,
puis qu'elle regarde la vie & la
santé des personnes.

Tous les plus grands hommes
de l'antiquité ont reconnu par
leur propre experience cette
verité, & l'aduantage qu'ap-
porte le regime de viure dans

PREFACE.

l'vſage moderé des alimens.
Galien en rend vn témoignage digne de foy, quand il dit,
que iuſques à l'âge de trante
ans, il auoit veſcu fort infirme,
parce qu'il ne gardoit aucunes reigles, mais qu'y ayant re-
medié par vn bon regime, il
auoit veſcu long-temps depuis
ſans auoir reſſenty aucunes des
incommoditez de ſa ieuneſſe,
& atteint l'âge d'vne extréme
vieilleſſe en ſanté, bien qu'il fut
d'vne complexion valetudinai-
re, comme il le dit luy-meſme
dans quelque endroit de ſes
Oeuures, ce qui luy a fait dire
cét Aphoriſme, *qu'vne choſe ca-*
duque conſeruee dure ſouuent plus
qu'vne robuſte negligée ; C'eſt
auſſi par ce ſecret qu'Antio-
que Medecin, & Thelephe
Grammairien veſcurent long-
temps

PREFACE.

temps sains & gaillards , dont
le premier passa quatre vingts
ans , & l'autre cent au rapport
du mesme Galien , & que celuy-cy atteignit l'âge de sept-
vingt ans, selon le dire d'vn Ancien , en viuant conformément
aux plus douces loix de la Medecine. Par ce seul moyen le
grand Caton , & sa femme
vieillirent aussi sainement au
dessus de quatre-vingts ans par
la pratique de ces preceptes,
que ce graue personnage en a
luy-mesme laissé par écrit au
recit de Pline , qui rapporte aussi que par les mesmes
moyens Zenophile auoit vescu
cent cinq ans sans iamais auoir
esté malade. De nostre temps,
Monsieur le Marquis Durfé
exact obseruateur du regime
de santé,dont le nom & le meri-

B

PREFACE.

te font fi connus par fes écrits, a vefcu cent dix ans fort heureufement exempt des incommoditez d'vn fi grand âge, mais notamment de nos iours le plus grand homme qui ait iamais remply la premiere charge du Royaume, dont la temperance, & la moderation en toutes chofes excitent tant d'admiration, & dont l'exemple viuant n'eft pas moins illuftre que digne d'eftre imité.

Auffi les Romains & les Grecs auoient cette Morale en telle veneration, que les premiers y faifoient confifter l'humaine felicité, & qu'elle faifoit partie de la Philofophie des autres par l'importance de fon objet qui eftoit la fanté, où ils faifoient de mefme confifter le fouuerain bien. Ce qui

PREFACE.

doit estre vne puissante émula-
tion au sage Chrestien dont la
Morale est bien plus épurée,
puis qu'elle regarde deux fins
dont la derniere est spirituelle.

Mais comme ces maximes
sont tirées de la Morale des anciens Philosophes, & qu'elles
pourroient donner quelque
scrupule aux sages Chrestiens,
encore que leurs lumieres soiēt
bien plus pures ; & que d'ailleurs nous sommes naturelle-
ment enclins à nous tromper
nous-mesmes, & à preferer la
flatterie des libertins au conseil
des sages, parce que nous ai-
mons aueuglement la liberté,
& plus ce qui plaist à nos sens
qu'à nostre raison (bien que la
sensualité soit son ennemie cou-
uerte qui la tirannise cruelle-
ment.) Il est necessaire auant

B ij

PREFACE.

que d'en venir aux preceptes,
d'éclaircir la queſtion, & en-
ſuitte de refuter l'erreur de
ceux qui croyent que noſtre
precaution eſt inutile dans le regime de viure, & qui diſent,
que puis que nos iours ſont
contez, tous les ſoins pour la
conſeruation de noſtre ſanté
ſont inutils, ne la pouuant pas
étendre vn moment au delà des
bornes que Dieu a preſcriptes
à noſtre vie. Il y en a d'autres
qui diſent qu'il y a plus de plaiſir à viure moins & à viure li-
brement, que de ſe contrain-
dre continuellement pour conſeruer la ſanté plus long-temps,
ce qui eſt vn grand abus aux
vns & aux autres. Car on ré-
pond aux premiers, qu'encores
que nos iours ſoient contez, &
que nous ne puiſſions accroiſtre

noſtre vie par nos precautions
autrement que ce qu'il a plû à
la Prouidence diuine d'en or-
donner, cela ne doit pas obliger l'honneſte homme de s'a-
bandonner à l'intemperance &
au déreglement (quand meſme
Dieu n'y ſeroit pas offencé,
comme il eſt) puis que la moderation & le regime de viure
dans les choſes qui contribuent
à la ſanté ne ſont pas la fin d'accroiſtre noſtre vie, mais les
moyens pour la preſeruer des
maladies que noſtre mauuaiſe
conduite nous attire durant le
cours qu'il a plû au Maiſtre de
la vie & de la mort de luy limi-
ter, ce que nous pouuons éuiter
par la temperance dans le bon
vſage des alimens & de nos
actions, ainſi qu'il ſera dit cy-
apres.

B iij

PREFACE.

Quant aux autres qui sont ama-
teurs de la liberté, & qui la preferent à la moderation, & qui
se flatent, mesme de mourir
quand il plaira à leur intéperan-
ce (ainsi que le dit le Poëte) ils
sont encores plus trõpez que les
premiers, & sont moins Chrestiens; car puis qu'ils ne croyent
pas que Dieu ait ordõné vn ter-
me à leur vie qui ne dépẽd point
de leurs déreglemens volontai-
res ; ils doiuent du moins sçauoir qu'ils n'abregent pas leurs
iours (puis qu'ils sont dãs ses de-
crets eternels) mais qu'ils leurs
attirent des maux en grãd nombre qui les font languir misera-
blement sur la terre iusques au
moment preordonné ; De sorte que souuent ils viuent plus
qu'ils ne voudroient , parce
qu'ils ont méprisé la conserua-

PREFACE.

tion de leur santé ; & d'ailleurs
ils ne jouyſſent iamais que fort
peu de temps de la douceur
dont ils ſe ſont flatez, en me-
nant vne vie déreiglée, parce
qu'ils ſont accablez d'infirmitez auant le temps.

Ce n'eſt pas toutesfois que
nous puiſſions touſiours éuiter
les maux qui nous arriuent en
ce monde, car ils ſont ſouuent
des inſtrumens dont Dieu ſe
ſert ſelon les ordres de ſa Sa-
geſſe, & le bon Chreſtien ſçait
que les maladies ſont des eſ-
preuues pour les bons, de meſme que des chaſtimens pour les
méchans, tenant en ſes mains
noſtre vie & noſtre mort; mas il
ne s'enſuit pas que nous nous deuions relâcher de noſtre deuoir,
ny que nous deuions penetrer
dans les ſecrets de ſa ſage con-

duite, il nous doit suffire de sçauoir que la temperance est toûjours agreable à Dieu, & vtile
à nostre santé, & qu'ordinairement nos déreiglemens nous
font offencer sa bonté par nos
excez, ou nous rendent inca-
pables par nos infirmitez de le
seruir, ce qui nous attire ses
justes chastimens, ce que nous
pourrions éuiter par la moderation de nostre vie, dans vne
conduite Morale, qui accom-
pagne tousiours la crainte de
Dieu qui a donné la raison aux
hommes auec la connoissance
de la vertu & de la qualité des
choses creées pour leur vsage,
ce qui n'a pas esté fait en vain,
mais pour leur apprendre les
moyens de conseruer leur santé; si bien qu'apres auoir receu ces graces de l'Autheur de

toutes choses, il faut estre ennemy de soy-mesme ou frappé
du dernier aueuglement pour
en abuser.

Car enfin la santé estant la
source de toutes les douceurs
que l'homme peut goûter en
cette vie, aussi il est vray de dire que sans elle il n'en est point
d'heureux, puis que la vraye
felicité temporelle consiste
dans la bonne disposition du
corps sans laquelle tous les autres biens de cette vie sont de-
sagreables.

C'est par cette raison que
i'ay donné à ce traité le tiltre,
Du bon-heur de la vie, parce
qu'en effet les dignitez ny les
richesses ne sçauroient rendre
l'homme content, s'il n'a pas
la santé, qui se peut acquerir
par toutes sortes de personnes

PREFACE.

foigneufes de leur conferuation, elles en trouueront des
preceptes infaillibles dans le
difcours fuiuant (dont la fim-
plicité en pourra, peut eftre,
diminuer le credit) bien qu'ils
foient fondez fur l'experience vniuerfelle , & la doctrine
des plus grands hommes de
l'antiquité. Mais quoy qu'il en
foit , celuy qui en eft l'Autheur
fera affez fatisfait fi fon ouura-
urage eft receu auffi fauorablement de ceux qui prendront la
peine de le lire, qu'il fouhaite
qu'il leur foit profitable.

Auis au Lecteur.

IL semblera sans doute assez estrange que j'aye encore quelque chose à dire
au Lecteur, apres vne si lon-
gue Preface ; mais pour luy
donner la raison de cette irre-
gularité, je le prie de considerer que le dessein de cét Ouurage n'estant qu'vn raisonne-
ment general sur la conduite
de l'homme dans toutes ses
actions, & proprement vn Recueil des plus beaux preceptes
que ces grands Personnages
(qui ont excellé dans l'Art de
la Medecine) nous ont laissé par écrit, & non pas vne

fcience traitée par fes principes (ce qui n’eft pas de ma profef_ fion) ie n’ay pû éuiter de m’é_ tendre beaucoup fur cét Auant_ propos, puifque tout le Trait_ té entier n’eft autre chofe qu’vn abregé des plus belles maximes de la Medecine & de la Morale de ces Illuftres. I’a_ uouë que ie n’en fuis qu’vn foi_ ble interprete : Auffi c’eft à mon aduis vn des plus grands defauts que le Lecteur aura à m’imputer, & qu’il doit excu_ fer en faueur de l’intention que j’ay de luy eftre vtile en quel_ que chofe.

SONNET
à l'Autheur.

QVE cèt Oeuure est charitable,
Et ce Dessein genereux,
Et que ton zele est loüable,
De nous vouloir rendre Heureux.

Le Bien le plus delectable,
Qu'on peut goûter sous les Cieux,
N'auroit pour nous rien d'aymable,
Sans ce Tresor precieux.

Car en vain l'on se propose,
Pouuoir en quelqu'autre chose,
Trouuer la felicité.

Ceux mesme à qui tout abonde,
Sont les plus pauures du Monde,
Lors qu'ils manquent de santé.

DE LA TOVR.

AV MESME.

QVE ton Liure est solide, &
qu'il est curieux,
Que dans sa petitesse il contient de
Merueilles,
Dalicourt les Esprits les plus laborieux,
Ne sçauroient egaller, cèt Essay de
tes veilles.

T. DELORME.

D'ALICOVRT puis que la santé,
Est le plus grand Bien de la vie,
Ton incomparable Traitté
Merite vne gloire infinie.

Souuent on nous met dans le sein,
Des nouueaux maux par les Receptes:
Mais quiconque suit tes Preceptes,
N'a pas besoin de Medecin.

T. D.

GENEREVX Dalicourt de qui
les doctes veilles,
Ont trouué le, secret de conseruer nos
iours:
Que ton petit recueil est remply de merueilles,
Et qu'en bien peu de temps il donne
vn grand secours.

DESMAREST.

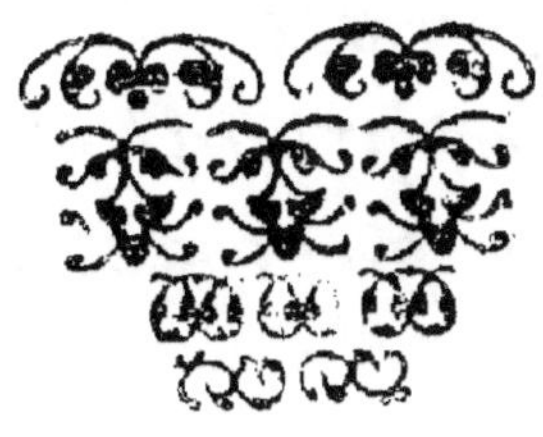

I'Ay leu le Manuſcript intitu-
lé, *Le bon - heur de la Vie*,
dans lequel ie n'ay rien trouué
qui doiue en empeſcher l'impreſſion.

LACHAMBRE.

CE coup d'Eſſay de l'Autheur,
  Meſme auant ſon impreſſion,
Fut déja comblé d'honneur,
Par cette approbation,
Puis qu'elle part des traits d'vne
  plume ſi belle,
Qui merite elle-meſme vne gloire
  immortelle.

Si ſauuer la vie aux Mortels,
Eſt quelque choſe de Diuin,
On doit eſleuer des Autels,
Au Docte & Prudent Medecin.

P. D.

LE BON-HEVR
DE LA VIE

OV

Recueil de preceptes falutaires à l'homme pour fe preferuer des maladies & conferuer la fanté, tirez des meilleurs Liures qui en ont traitté.

Preceptes generaux de fanté pour la conferuer par vn regime familier & facile à pratiquer aux perfonnes raifonnables qui aiment la medecine fans en faire profeßion.

'ON peut dire auec verité que iamais la fcience de la medecine ne fuft plus floriffante en France qu'elle l'eft aujourd'huy, puis

C

que tant d'illuſtres Profeſſeurs
y excellent ; mais auſſi que iamais l'on ne fut moins curieux
de s'en inſtruire pour la conſeruation de la ſanté , bien que
ſans elle , il n'y ait aucune ſatis-
faction en cette vie.

Ce mal procede ordinaire-
ment de deux cauſes ; La premiere de ce qu'il ſemble à pluſieurs que l'eſtude de cette
ſcience leur eſt indecente ; La
ſeconde , en ce que les Autheurs qui en ont traité , l'ont
fait ſi amplement , que l'application qui y eſt neceſſaire en
dégoûte d'abord ceux qui y au-
roient quelque inclination à la
veuë des gros Volumes qui
étonnent l'eſprit , & dont la
lecture ne ſe peut faire qu'en
beaucoup de temps , lequel
ſouuent nous manque , ſelon

ces belles paroles d'Hyppocrate, *La vie est courte, mais l'Art
est long*; C'est ce qui a inspiré à
l'Autheur de faire vn racourcy
des principaux preceptes, pour
deuenir non Medecin public,
m.... les .... lier par la
connoiflance .... .nofes les
plus effentielles à la conferuation de la fanté, dont le foin
ne coûte que quelques heures
d'application, & dont auffi l'in-
ftruction foit familiere, & por-
tatiue en tous lieux pour s'en
feruir dans les occafions, & y
eftre fçauant en peu de temps.

Il n'y a rien au monde de fi
precieux que la vie ; Mais *la
mifere de l'homme eft extréme*(dit
vn Philofophe) puis qu'il eft
combatu par toute la nature
& par luy - mefme, & que les
maladies qui luy arriuent ne

procedent ordinairement que du defaut du regime ; *Car il n'y a point de santé si bien establie (dit Galien) qui ne se peruertisse si on ne la conserue.* Ce qui est la premiere maxime de la Medecine.

La Medecine (dit vn Ancien Docteur) est à proprement parler , *la doctrine des choses naturelles , non-naturelles , & contre nature.*

Les naturelles sont comprises en general sous le bon temperament & le concert des parties qui le composent & qui conseruent , & maintiennent nostre nature.

Les non-naturelles sont comprises sous le boire & le manger , & les fonctions naturelles du corps ; ce qui doit estre entendu de l'vsage des premiers

& non de leur nature, car ils
sont bons à ceux qui en vsent
moderement, mais mauuais à
ceux qui s'en seruent au contraire.

Et les contre-natures sont
comprises sous la maladie & ses
accidents qui destruisent dire-
ctement la nature de l'homme
en l'integrité de laquelle consiste la santé.

Cette definition de la Medecine nous apprend que toute
cette science se reduit à connoistre nostre nature, à bien
vser des choses qui la composent, & à preuenir celles qui
luy peuuent nuire.

L'air, le boire & le manger (dit
Hyppocrate) *sont la matiere de
l'homme* , ce qui repare nostre
substance s'appelle aliment,
l'air entretien la substance spi-

ritueuſe, le breuuage la liquide
& la viande la ſolide, qui ſont
les trois ſouſtiens de noſtre vie;
mais la premiere de ces connoiſſances eſt la plus difficile,
ainſi que la plus importante,
parce que noſtre corps eſtant
ſujet à vn nombre preſque infiny de maux, ſouuent la cauſe
en eſt inconnuë, parce qu'elle
eſt interne; c'eſt ce qui a fait dire à Damaſcene; *que la Medecine
eſt vne mer qui n'a ny fonds ny riue.*
Et à Celſe, *que toute la Medecine eſt appuyée ſur des conjectures
qui trompent ſouuent les plus
grands ſcruptateurs de la nature.*
C'eſt auſſi ce qui deuroit bien
rendre l'homme extrémement
ſoigneux de la conſeruation de
ſa ſanté par vn bon regime de
viure, puis que la gueriſon des
maladies (que ſon inteme-

rance luy attire) dépend d'vn
Art , dont le Iugement eſt ſi difficile , parce que dit vn Ancien,
la nature eſt ſi ſecrete en ſes mouue-
mens , que les plus clair-voyans s'y
trouuent empeſchez.

Mais bien que l'ancien prouerbe nous apprenne que la vraye
Medecine eſt de n'en point
vſer , il ne s'enſuit pas qu'elle
doiue eſtre inutile dans le monde , ny que l'homme par aucunes de ſes precautions ſe puiſſe
touſiours exempter des maladies , puis que (comme il a eſté
dit) elles ſont ſouuent des diſ-
penſations de la Prouidence
diuine , dont les ordres ſont
touſiours juſtes ; & il y a encores moins d'apparence de croire que l'honneſte homme par
cette raiſon doiue ignorer la
connoiſſance des choſes qui

sont necessaires pour sa santé, sous pretexte qu'il ne peut pas penetrer dans les secrets de la sage conduite de Dieu , non plus que de se persuader qu'il n'appartient qu'aux Maistres de cette science d'y estre sçauans, puis qu'il en est tout autrement , & que le Sage y doit estre instruit pour sa satisfaction particuliere ; de mesme que le Medecin pour le seruice du public. Et comme l'employ de celuy-cy est digne de tant d'honneur , lors qu'il s'en acquite bien , puis que la Medecine est la plus noble des sciences humaines par la consideration, & par l'importance de son objet qui n'est pas moins que la vie & la santé des personnes ; (ce qui a fait autrefois nommer par excellence le

docte Professeur de cét Art
diuin, *vn Dieu dont le corps est
seulement mortel, le Ministre de
la nature,* dire à Herophile,
*que les Medicamens bien ordonnez
sont comme les mains secourables
de Dieu;* Et au Sage, *honore le
Medecin pour la necessité;*) Aussi
la conduite Morale du premier ne luy attire pas seulement la reputation de Sagesse (qu'il merite) qui est le plus
illustre de tous les tiltres, mais
elle le rend encores heureux
dans ce qui fait l'essentiel du
veritable contentement, à sçauoir la santé.

Le regime qu'on garde pour
l'acquerir est sans doute le
moyen le plus seur pour paruenir à ce but, puis que la santé
rend l'esprit & le corps capables
de goufter de toutes les dou-

ceurs qu'on peut trouuer en ce
monde ; Et qu'au contraire la
maladie oste à l'vn & à l'autre
les doux sentimens de la nature, & ne leur laisse que ceux de
leurs maux.

Pour les preuenir & arriuer
à vne fin si salutaire par les
moyens qui y sont conuenables, il est necessaire auant
toutes choses à celuy qui sera
soigneux de sa santé de s'estu-
dier de connoistre son temperament, & particuliere-
ment son humeur dominant,
pour en suite vser des alimens
qui luy seront propres selon
leurs qualitez desquelles la connoissance s'acquerra par vn
peu d'application, afin de remedier par ces deux precautions aux infirmitez, où chaque
corps est sujet ; Car comme la

fin de la Medecine eſt la ſanté,
auſſi les moyens pour en jouïr
ſont la connoiſſance des choſes
qui la peuuent conſeruer, ce
qui a fait dire aux Anciens de
cette profeſſion, *que la pre-*
miere maxime de cét Art, eſt de
connoiſtre auparauant que de
guerir; & à Galien, *qu'Æſ-*
culape n'auoit iamais failly dans
la cure d'aucune maladie, par-
ce qu'il excelloit dans cette ſcien-
ce; ce qui ſera auſſi le premier
precepte du regime de ſanté
qui comprend la connoiſſance
de la complexion naturelle
d'vn chacun.

Pour y paruenir, il eſt neceſſaire de ſçauoir, qu'eſt-ce que
la nature de l'homme, l'humeur, le temperament, la chaleur naturelle, & l'humide radical, qui font la matiere du

corps, & en suite de s'eſtudier
à connoiſtre la qualité & faculté des Alimens qui conuien-
nent le plus à noſtre tempera-
ment, dans la bonté duquel
reſide la ſanté, en quoy doit
conſiſter toute l'application de
ceux qui ſeront ſoigneux de ſa
conſeruation, & de ſe procurer
vne vie douce & tranquille.

La nature (dit Hyppocrate)
conſiſte en l'accord des quatre qua-
litez elementaires dont elle eſt com-
poſee, mais que tout ce qui eſt exceſ-
ſif eſt ennemy de nature, & détruit
noſtre corps. Et bien que le regime n'allonge pas les jours, du
moins il retarde la vieilleſſe, &
l'on voit des gens qui la paſ-
ſent heureuſement ſans en reſ-
ſentir les incommoditez, en
viuant ſelon les plus douces
Loix de la Medecine.

L'humeur,

L'humeur, selon Aristote, est definy, vn corps liquide engendré de l'aliment, lequel estant composé de parties diuerses, & façonné de quatre elemens mixtes, lors de sa dissolution dans nos corps par la vertu de la chaleur naturelle, il se resout enfin en quatre principes qui tiennent dans l'homme, qui est vn petit monde, le mesme rang que font les elemens dans le grand.

Ces principes sont appellez humeurs qui sont comparez à l'element, dont elles semblent participer le plus en qualité & effets, à sçauoir le sang, la pituite, la bille, & la mélancolie.

Le sang tient de la nature de l'air, & sa qualité naturelle est double, c'est à dire chaude & humide ; La pituite de l'eauë

froide & humide ; La bille du
feu chaud & sec, & la mélancolie de la terre froide & se-
che.

Le temperament (dit Hyppocrate, *consiste dans la proprieté*
personnelle de chacun des animaux,
vegetaux, metaux, & mineraux;
Et selon Oribase, *il est composé*
des quatre humeurs elementaires
(qui est la méme definitiõ) Les-
quelles estans accompagnées
de leurs quatre qualitez contraires qui font chaleur, froideur, humidité, & secheresse,
se mélans, & vnissant ensemble ; font comme vne espece
d'accord ; & quittans chacun
de leur souuerain droit pour se
reduire dans vne mediocrité,
produisent au corps ce que l'on
appelle temperament.

La chaleur naturelle (dit Mercure Trilmegiſte) *eſt le premier principe de noſtre vie; Le principal inſtrument de l'ame , & la premiere matiere qui entre dans la compoſition du corps.*

L'humeur, ou l'humide radical (dit le meſme Autheur) *vient du cœur comme d'vne viue fontaine, il eſt l'aliment de la chaleur naturelle, & comme l'huile de la lampe qui conſerue ce feu naturel.*

La matiere de cét humeur eſt triple (à ſçauoir l'air, le boire & le manger) dont la diſſipation continuelle (qui s'en fait par l'action de la chaleur naturelle) ſe repare par le breuuage & les *viandes,* mais touſiours imparfaitement, & auec beaucoup d'alteration, parce que *rien n'égale iamais les œuures de la nature dans ſes premiers principes* (dit Hyppocrate) & d'ailleurs à cause de noftre intemperance qui détruit toute la Symetrie, dont elle eft compofée ; De forte que la chaleur naturelle agiffant perpetuellement fur des fujets qui luy font fouuent contraires, & confommant par ce moyen peu à peu l'humide radical, elle fe tuë enfin elle-mefme, d'où s'enfuit la diffo-lution du corps.

Voila ce que les Anciens nous apprennent de la fcience de la Medecine, du principe de la nature, de la qualité de l'humeur, de la compofition du temperament, des effets de la chaleur naturelle, & de la ma-tiere de l'humide radical qui l'entretient, & qui conferue noftre vie, de la connoiffance defquelles chofes dépend la conferuation de noftre fanté.

Mais bien que noſtre corps ſoit compoſé de ces quatre humeurs, toutesfois il y en a touſiours vne qui domine ſur les autres dans les corps les mieux compoſez ; delà vient que l'on dit cét homme eſt ſanguin, il eſt billieux, & du reſte des humeurs, & c'eſt celle là que nous nous deuons eſtudier de connoiſtre, pour remedier à ſon defaut par l'vſage des alimens & des actions de la vie; car cette connoiſſance eſt d'autant plus importante, que les humeurs du corps eſtans la matiere des paſſions, encores qu'il ne ſoit pas touſiours au pouuoir du Sage d'en éuiter toutes les atteintes ; toutesfois il les peut reduire dans l'indifference, lors qu'il en preuoit la cauſe, & en corriger les mauuais effets par vn bon regime, selon ces belles paroles de Seneque, *Que la temperance commande aux plaisirs.*

Cette connoiſſance de l'humeur dominant, ſe peut acquerir ſi l'on s'y applique ſoigneuſement, elle ſe remarque premierement, *par noſtre phiſionomie dans ſa ſanté*, ſelon Ariſtote, *& par nos actions*, ſelon Seneque. Par exemple le Sanguin eſt aſſez gras, bien taillé, à la couleur vermeille, & eſt jouial dans toutes ſes actions, Le pituiteux eſt gros, de petite ſtature, à cauſe du froid, de ſon temperament, à la couleur d'vn blanc paſle; & eſt aſſez benin dans ſes actions. Le bilieux eſt vn peu maigre & ſec, à la couleur jaunaſtre, & & eſt prompt dans toutes ſes

actions ; Le mélancolique est
vn peu moins maigre & sec , à
la couleur noirastre ou baza-
née , & lors que cét humeur est
temperé , il rend l'homme fort
moderé dans toutes ses actions,
ce qui doit estre entendu en
general par la couleur du visage
qui tient le premier lieu de
cette connoissance , *comme
estant non seulement l'image des
inclinations & affections de l'a-
me , mais aussi des maladies , &
& des defauts interieurs du corps*
(selon Hyppocrate.) Ainsi
la face & les yeux jaunastres
font voir lictere ou jaunisse, qui
marque vne chaleur estrangere
dans le corps, la face pasle , la
cachexie , signe d'vn froid contre nature, la rougeur au pom-
meau des jouës, l'inflammation
du poulmon , & celle du foye,

la couleur verdatre & plombée dénotte de mesme le froid, & les obstructions de ce viscere, & ainsi des autres ; *Aussi est-ce par les couleurs que plusieurs Medecins se sont rendus admirables en la connoissance & iugement des maladies, à considerer seulement le visage (dit vn Ancien) & en quoy excelloit Galien, ce qui faisoit aussi commander par Hyppocrate aux Medecins de son temps de jetter l'œil sur le visage d'vn malade en l'abordant pour faire vn jugement asseuré de son humeur dominant, ainsi que de l'espece de sa maladie.*

Par ce moyen chacun se peut aisément obseruer soy-mesme, & connoistre sa complexion naturelle, & son humeur dominant, afin de regler sur cette

connoiſſance , ſa maniere de
viure dans le bon vſage des alimens & des actions de la vie,
pour conſeruer la ſanté , ainſi
qu'il a eſté dit.

Reſte à obſeruer ſur ce ſujet,
que de ces quatre humeurs do-
minans (defferamment) il y en
a deux qui dans leur conſtitution naturelle excellent en
bonté ſur les autres, à ſçauoir
la bille & la mélancolie, mais
qui font des effets bien contraires, lors qu'elles dégene-
rent par accident de leur premieres qualitez, & c'eſt à quoy
il faut prendre garde de ne ſe
pas méprendre, ſoit dans l'vſage des alimens & des paſſions,
ſoit dans le jugement de la
conduite de l'homme ; car tout
ainſi *que l'humeur billieux na-*
turel dominant eſt le tempe-

rament qui coutribuë le plus à la Sageße (selon Plutarque) de mesme, que l'humeur melancolic naturel dominant eſt la complexion qui le diſpoſe le plus à la prudence (selon Ariſtote,) qui rapporte que Socrate & Platon eſtoient de ce temperament à cauſe de leur ſiccité & ſubtilité, (qualitez qui approchent le plus de la nature des eſprits.) Auſſi lors que la premiere dégenere en attrabilaire, & que la ſeconde deuient bruſlée, elles rendent toutes deux l'homme fort violent & inconſideré, & ceux-cy ont beſoin en general d'vſer d'vn regime de viure beaucoup plus rafraiſchiſſant que les premiers pour temperer l'ardeur d'vne chaleur eſtrangere qui les domine.

Enfin il n'eſt pas ſeulement
neceſſaire de faire cette diſtin-
ction ſur la connoiſſance que
l'on a du temperament des perſonnes qui ſont en ſanté, mais
encore ſuiuant l'habitude où ſe
trouue le corps ; car par exemple, il y a des billieux naturel-
lement qui par accident ſeront
beaucoup décheus de la chaleur de cét humeur, & au contraire des pituiteux qui en auront contracté vne eſtrangere
auſſi par accident, & ainſi des
deux autres, alors il ne faut pas
trop rafraiſchir les premiers,
ny échauffer les derniers, at-
tendu le changement de leur
conſtitution ; mais il faut aux
vns & aux autres auoir égard à
la cauſe qui a produit en eux
cét effet, & ſur tout à la diſpo-
ſition de l'eſtomach, lequel

ayant toufiours befoin de chaleur pour faire fa fonction naturelle, il faut garder beaucoup
de moderation dans l'vfage des
refrigeratifs aux corps les plus
échauffez , de mefme que de
trop échaufferles plus froids de
cette efpece, parce qu'il feroit
à craindre à l'égard des premiers que la chaleur eftrangere
ayant defia diminué vne partie
de la naturelle & des forces de
l'eftomach, fi l'on vfoit par trop
de rafraifchiffement , ils ache-
ueroient de l'efteindre ; & à l'é-
gard des derniers que l'õ intro-
duifit auffi vne chaleur eftrangere à force de trop échauffer , ce qui produiroit vn auffi
mauuais effet que celuy que
l'on veut éuiter , ainfi qu'il arriue fouuent en fanté & en maladie par l'ignorance de ces preceptes,

ceptes, bien qu'ils ne foient
pas moins importans pour la
guerifon des maladies que pour
la conferuation de la fanté.

Apres auoir acquis cette connoiffance de fon humeur dominant, il ne reftera qu'à eftu-
dier la nature & qualité des alimens, ce qui fera facile à faire,
parce que cette fcience eft
prefque triuiale, pour en vfer
conuenablement à fon temperament; car par exemple on
fçait que le vin échauffe, & toutes les boiffons de cette nature,
comme l'hypocras, le vin d'Ef-
pagne, la plufpart des mufcats,
Coindrieux & autres vins de li-
gueur. Que l'eauë rafraifchit
& toutes les compofitions où
elle entre, comme les ptifannes
& autres. Que les cidres & bie-
res font breuuages qui chargent

l’eſtomach, cauſent des vents & font vne groſſiere nourriture, de meſme que les vins doux, & le laiⅽtage. Que les chairs de bœuf & de mouton échauffent la premiere plus que l’autre, dont le ſuc eſt plus groſſier, & mélancolic. Que celles de veau & d’aigneau rafraiſchiſſent la premiere plus que l’autre, dont la qualité eſt laxatiue. Que celles de perdrix & de pigeons échauffent la premiere plus que l’autre, dont l’aliment eſt plus ſain. Que celles de poulet & de chapon en general rafraiſchiſſent & ont vn bon ſuc fort ſain. Que la chair ſalée, celle de cerf, de ſanglier, de lievre, de l’oiſeau de riuiere, & en general toutes les chairs noires ſont fort mal-faiſantes & contraires à la ſanté, ayans vn ſuc froid,

terreſtre , mélancolic & in-
digeſte, dont on doit vſer ſo-
brement, particulierement les
pituiteux & les mélancolics
(excepté le lapin qui eſt vn ani-
mal plus gay & moins mal-fai-
ſant.)Que les oyſeaux des mon-
tagnes auſſi en general ſont
meilleurs pour aliment que
ceux des plaines & mareſcages.
Que la chair de porc,de cochõ,
& autres de cette nature , &
toutes les chairs trop graſſes
ſont plus mauuaiſes que bonnes pour aliment , à cauſe de
leur trop grande humidité qui
eſt ſujette à corruption , ainſi
que l'on voit qu'elles cauſent
des déuoyemens à ceux qui en
vſent trop frequemment , toutes leſquelles viandes nuiſent à
la ſanté, ſi on en fait vn vſage
ordinaine, ainſi que ces der-

nieres qui se tournent facilement en bille dans les corps bilieux ou impurs. Que le poisson
soit doux ou salé est mal-sain,
sur tout le premier à cause de sa
grande humidité & facile corruption , notamment au sou-
per, ce qu'en general doiuent
fuir tous ceux qui ont l'estomach délicat; l'on tiét que ceux
qui ont la chair ferme valent
mieux pour aliment que les autres plus mols , mais l'vsage en
est tousiours mal-faisant aux
pituiteux , aux temperamens
froids, & aux corps cacochi-
mes , c'est à dire remplis de
mauuaises humeurs , comme
aussi les autres alimens durs &
cruds , comme pour les premiers toute sorte de patisserie
qui en general sont d'vne tres-
difficile digestion, & qui se cor-

rompent dans les eſtomachs impurs, & les gaſtent ; & pour les derniers la ſalade, les fruits cruds, ſur tout hors leur maturité, le laiĉtage, comme il a eſté dit, & autres alimens que le commun connoiſt meſme pour eſtre mal-faiſans, particulierement apres des maladies où il s'en faut abſolument abſtenir ſi l'on veut éuiter les recheutes par ſa faute qui ſont plus dangereuſes que la premiere indiſpoſition, ainſi que ſçauent pluſieurs à cauſe de la foibleſſe de l'eſtomach, notamment apres vne fievre qui deſtruit plus qu'aucune autre maladie la chaleur naturelle ; Et qu'enfin l'artichaud & l'aſperge ont vne qualité chaude & ſeiche, & cette derniere fort aperitiue. Que le pourpier, la laiĉtuë l'o-

zeille & la chicorée humectent
& rafraischissent, & que le per-
sil est chaud & sec, de mesme
que le champignon, qui est
aussi vn aliment pernicieux,
dont on ne deuroit iamais vser,
à cause de la qualité maligne
qui est en luy, d'où est venu
l'Aphorisme commun ; *qu'a-*
pres son apprest, il n'est bon qu'à
jetter. Et en general toutes les
espiceries qui ont aussi vne
qualité chaude & seiche sont
contraires à nostre nature & à
la santé si l'on en vse ordinairement ; Il en est de mesme des
fruits que des viandes, car
chacun a sa qualité particuliere ; par exemple la poire
est vn peu chaude & abstrain-
geante de sa nature ; comme
au contraire, la pomme est ra-
fraischissante & laxatiue ; la

prune rouge & douce, eſt moins ſeine, rafraiſchiſſante, & laxatiue que la noire; comme le damas, il en eſt de meſme de la ſeriſe douce qui eſt moins ſaine que la griote aigre. En vn mot tous les fruits doux & humides ſont dangereux ſur tout pris par excés & à contretemps, entr'autres, le melon, le côcombre, l'abricot, ſur tout la peſche appellée par Galien, *vn fruit pernicieux au genre humain*, & autres ſemblables, ſont tres-mal-faiſans, à cauſe de leur inſigne froideur & humidité & facile corruption, & en general tous les fruits qu'on nomme paſſagers, c'eſt à dire qui leur ſaiſon paſſée ne ſont de garde, ſont dangereux, particulierement aux eſtomachs debilles & impurs parce qu'ils y engendrent des pourritures qui caufent des fievres malignes & autres maux qui font payer cherement le plaifir que l'on prend à manger de ces fruits mal à propos, comme il fe remarque qu'elles arriuent prefque toutes dans la faifon des fruits, ou dans celle qui luy fuccede, ainfi l'vfage en doit eftre bien moderé à toutes fortes de perfonnes, & notamment aux infirmes, fi elles ne s'en peuuent abfolument paffer, le raifin, la noix & autres fruits de cette faifon font auffi de mauuais aliment pris en trop grande quantité, le fuc des premiers eftant extrémement vaporeux & nuifible à l'eftomach & à fa fonction, & les derniers eftans fort indigeftes felon l'experience commune.

Les legumes auſſi en general,
& tous ces fruits prematurez de
l'artifice pluſtoſt que de la nature , & que la curioſité fait de-
ſirer à cauſe de leur nouueauté
(entr'autres les poids verts) ſont
tres - mal-faiſans , les vns & les
autres eſtans venteux , de mauuais ſuc , cruds & indigeſtes.

Enfin il y a encore vne ob-
ſeruation à faire qui eſt fort importante, notamment aux femmes & aux filles qui naturelle-
ment aiment par excez les alimens doucereux , dont l'vſage
frequent détruit ſouuent leur
temperament, & gaſte l'eſtomach , & les dents , ce qui alte-
re beaucoup , non ſeulement la
ſanté , mais auſſi la beauté ;
car (comme dit Galien) *la ſanté & la bonne mine , ne s'entretiennent que par la ſymetrie du*

temperament du corps , qui ne subsistent que par l'vsage moderé des alimens propres à sa constitution naturelle qui reside (comme il a esté dit) dans la proprieté personnelle de chacune des quatres humeurs elementaires qui mantiennent nostre nature dans son integrité. Si bien que l'vsage ordinaire des confitures & sucreries qui ont vne qualité chaude & seiche *au second degré* , introduisent au corps vne chaleur & seicheresse estrangere qui sont les deux qualitez qui détruisent toute son œconomie qui consiste dans vne fraischeur & humidité temperée d'où dépend la santé & la beauté du corps. Aussi l'on voit par experience que toute les per-

fonnes qui font fujettes à cette
delicateffe perdent ordinairement leur embonpoinct , &
leur couleur naturelle , & de-
uiennent feiches & pafles , ce
qui marque l'intemperie des
parties nobles , & le déchet de
leur conftitution naturelle.

Auffi ces aduis ne font pas d'v-
ne petite confequence au regime de fanté , puis qu'ils font
fondez fur le témoignage des
plus grands hommes de l'antiquité , & notamment fur celuy
de Galien , touchant l'vfage
des fruicts qu'il reconnoît luy
auoir efté tres-mauuais iufques
à l'âge de trente ans qu'il l'auroit quité , dont il s'eftoit fort
bien trouué ; car *l'vfage des*
fruits (dit Hyppocrate) *engen-*
dre de mauuaifes humeurs au coprs
qui luy attirent vn nombre infiny de
maladies.

Ainſi en gardant ces preceptes , il ſera aiſé à vn chacun de
reüſſir dans le deſſein de conſeruer la ſanté par leur obſerua-
tion , & celle des ſuiuans qui
regardent en general l'ordre &
l'vſage de tous les alimens enſemble , & enſuite de celuy des
actions , en quoy conſiſte toute
cette ſcience.

Par exemple , celuy qui con-
noiſtra que ſon humeur dominant eſt le ſang dont la qualité
eſt chaude & humide, il ne boi-
ra pas le vin pur , à cauſe qu'il
abonde en ces deux qualitez. Il
ſe gardera de ſe trop humecter
& échauffer par les autres alimens de cette qualité , & ſur
tout des excés au boire & au
manger, qui augmentent la replexion duſang qui eſt toûjours
mauuaiſe; car c'eſt vne maxime
conſtante

constante en Medecine, qu'il
faut tousiours soigneusement
opposer vn contraire à son humeur dominant, pour la temperer) Mais il en vsera moderement, & ainsi des autres alimens
conuenablement à son temperament, car *la frugalité de la table*, dit Plutarque, *conserue le
corps & l'esprit sain*, au lieu que
*l'abondance du vin & des viandes
peruertissent l'vn & l'autre.*

Pour les bilieux & les temperamens chauds, ils boiront
plus d'eauë que de vin, & fui-
ront en general tous les alimens chauds & secs, sur tout
les Espiceries, & mangeront liberalement, à cause que la chaleur de cét humeur dominant
dissipe & digere facilement les
alimens ; Mais aussi comme elle
est en quelque façon contraire

F

à la naturelle, ils doiuent manger peu à la fois & fouuent pour
luy ayder à faire vne loüable
çoction. Ils fe rafraifchiront auffi moderement & à propos, car
vn bilieux échauffé par quelque exercice ou action violente
qui fe voudroit rafraichir en
beuuant par excés de l'eau cruë
il s'attireroit vne fafcheufe maladie, car alors il faut vfer de
rafraifchiffemens qui ne foient
pas cruds comme les ptifannes
& autres rafraifchiffans, entr'autres il fe fait vn firop de
cerife, lequel pris auec de l'eauë
vne cueillirée fur vn verre, rafraifchit beaucoup les corps ef-
chauffez dans les ardeurs de
l'Efté & de la canicule, comme
fçauent plufieurs, car ce breuuage eft auffi pectoral & amy
du paulmon, à caufe de fa fraif-

cheur & humidité temperée.
Et en general, il ne faut iamais
boire dans le moment que le
corps eſt extraordinairement
échauffé à cauſe que dans vne
grande émotion des humeurs
la boiſſon cruë ſe mélans auec
trop de violence enſemble, elle
ſe corrompt dans les veines &
communique ſa malignité au
ſang, ce qui engendre des fiévres putrides, plureſies, oppreſ-
ſions d'eſtomach, & autres accidents qui accompagnent cer-
te imprudence de boire dans
l'ardeur d'vne ſoif cauſée par
vn exercice ou par vne action
violente.

Mais il eſt important en cet
endroit de donner vn aduis
tres-ſalutaire pour éuiter des
grands accidents qui arriuent
ordinairement ſur ce ſujet, no-

tamment aux perſonnes de
qualité par la volupté de boire
trop frais dans la ſaiſon d'eſté,
à ſçauoir à la glace qui eſt vne
tres-dangereuſe boiſſon, qui eſt
ennemie de la poictrine, qui excite la toux, & détraque la
fonction de l'eſtomach, qui
ayant beſoin de chaleur dans le
repas pour digerer les alimens
& ſe trouuant humecté par vne
liqueur extrémement froide &
cruë, cela fait que la coction
demeure imparfaite, d'où s'engendre des colliques faſcheuſes,
des déuoyemens, & pluſieurs
autres maux dont ſont attaquez ces ſortes de voluptueux.
Il y a meſme pluſieurs exem-
ples de perſonnes que ce faux
plaiſir à tué en vingt-quatre
heures; car il eſt certain, ſelon
le témoignage d'Hyppocrate,

& des plus celebres Docteurs,
& l'experience commune que
cette habitude ruine la santé &
abrege la vie mefme aux perfonnes les plus robuftes, parce
qu'il n'y a rien de fi contraire à
la vie que le froid fon plus
grand ennemy, fur tout celuy
qui s'introduit dans les veines
par le boire & le manger; car
felon Diofcoride, *le froid n'entre iamais dans les œuures de la
nature*, d'où vient que les poi-
fons de qualité froide, tuent
plus promptement que les autres, felon l'experience commune, c'eft pourquoy chacun
doit fuïr cette fenfualité, puis
qu'elle attire auec foy de fi mal-
heureufes fuites.

Quant aux pituiteux, tous les
alimens chauds leurs font propres pris toutesfois par mode-

ration , comme le vin moins trempé aux repas , les espiceries & autres , afin d'aider à la chaleur naturelle à digerer leur flegme qui est leur humeur dominant ; mais ils doiuent manger peu , & vser des alimens qui soient bons & de facile digestion , afin de laisser assez de force à la chaleur naturelle pour consommer les mauuaises humeurs que leur temperament engendre plus que tous les autres. L'exercice aussi & tout ce qui réueille la chaleur naturelle , leur est propre pris moderement.

Pour les mélancholics comme cét humeur tient du sec & du froid dans sa constitution naturelle , leur aliment doit estre humide & chaud , mais ce dernier moderement , sur tout

aux jeunes-gens , à cauſe que
cét humeur dégenere ſouuent
en chaud , lors qu'il deuient
brûlé par accident & par l'intemperance de la jeuneſſe , qui
lors ont beſoin des meſmes ra-
fraiſchiſſement qui ſont propres aux bilieux atrabilaires
dont l'humeur ſimboliſe auec
celle-là ; Ainſi il faudra auparauant que de ſe preſcrire vn regime faire ce diſcernement
bien à propos. Pour l'ordinaire
les vieillards qui ſont de temperament mélancholic acquie-
rent rarement cette chaleur
contre nature, à cauſe du déclin de leur chaleur naturelle,
mais bien pluſtoſt les jeunes-
gens à cauſe de celle de leur
âge ; ainſi les vns & les autres
ſe doiuent conduire ſelon leur
conſtitution naturelle ou acci-

dentelle. Pour leurs alimens, ils doiuent eftre conuenables à la conftitution de leur tempe-rament fuiuant les defcriptions qui en ont efté faites, mais fur tout ils doiuent fuïr les chairs des animaux mélancholics & choifir les contraires.

Refte à dire quelque chofe fommairement du regime ge-neral qu'il faut garder en fanté durant les faifons, & felon les âges, afin que chacun s'y puiffe habituerlors qu'il luy fera cõnu.

La premiere maxime eft qu'il faut toufiours tenir vn re-gime contraire à la faifon, c'eft à dire en Efté vfer d'alimens qui ayent la qualité d'hume-cter & rafraifchir ; & en hyuer de deffeicher & échauffer, & ainfi des deux autres felon leur temperature.

Ainsi en hyuer il faut boire peu, & manger beaucoup plus qu'en Esté, à cause (dit Hyppocrate) *que les ventres & les estomachs sont plus échauffez par l'antiperistase de l'air, dont le froid fait rentrer au dedans la chaleur naturelle, & qu'au contraire en Esté la chaleur du iour l'euoque au dehors, & que d'ailleurs en hyuer les sommeils sont plus longs, & par consequent la chaleur naturelle occupe plus le dedans (selon Aristote) à cause de la fraischeur de la nuit;* Il faut aussi tremper peu le vin, manger des viandes rosties, & de qualité chaude & seiche pluftoft que des boüillies; éuiter les alimens humides & froids comme les fruits, herbes, fallades, & autres, pour tenir l'estomach chaud & sec, & pour digerer

le phlegme qui domine en
cette saison, & oppoſer ces
deux qualitez à l'extreme humidité qui regne en cette ſaiſon là.

Au printemps boire plus liberalement & tremper vn peu plus
le vin, & diminuer les alimens,
vſer de viandes boüillies , &
s'humecter & rafraiſchir, mais
peu à peu.

En Eſté boire fort peu de vin
& vſer de viandes boüillies, &
de tous alimens refrigeratifs,
pour entretenir l'habitude du
corps humide & fraiſche, & tenir le meſme regime de l'Hyuer
au Printemps, que du Printemps
à l'Eſté , & en ces deux derniers
retrancher les viandes & augmenter la boiſſon.

En Automne augmenter les
alimens & retrancher la boiſ-

ſon, plus de vin pur, & moins
en quantité.

Mais il faut obſeruer que ce
regime n'eſt pas touſiours vtile
à toutes ſortes de perſonnes ;
car par exemple les ſanguins
doiuent toute l'année vſer d'a
limens deſicatifs, puiſque leur
temperament eſt grandement
humide.

Pour les bilieux & les melan-
co'ics ils doiuent auſſi tenir vn
regime contraire,& s'humecter
en toutes les ſaiſons, ce qui eſt
ſur tout conuenable aux jeunes
gens.

Quant aux pituiteux ils doiuent auſſi à peu pres tenir le
meſme regime que les ſanguins
dans l'vſage des alimens deſicatifs, à cauſe de la nature de leur
temperament.

Mais il eſt encore neceſſaire

de remarquer que cette maxime generale n'eſt que pour les
perſonnes qui ſont en ſanté &
dans leur naturel temperament : car pour ceux qui y ont
receu quelque alteration par
accident , ils doiuent quitter
cette regle generale , & obſeruer le regime particulier qui
leur a eſté cy-deuant preſcript
& le ſuiuant.

Quant à l'exercice du corps
il eſt plus ſalutaire aux ſanguins
& aux pituiteux, qu'aux bilieux
& melancolcs , & plus ſain aux
vns qu'aux autres en Hyuer
qu'en Eſté.

Pour le regime general, ſelon
les aages des perſonnes , celuy
de la vieilleſſe doit eſtre de
s'humecter & d'vſer d'alimens
vn peu chauds, pour ayder à
l'eſtomach à faire ſa fonction
qui

qui a befoin de chaleur, mais manger peu & fouuent, & des viandes de bon fuc & de facile digeftion, & éuiter les grands exercices.

Et pour celuy de la jeueffe il doit eftre toufiours hume-étant & rafraifchiffant, & le manger plus liberal & beau-coup d'exercice, mais fur tout fe garder des excés en l'vn & en l'autre; car felon Hyp-pocrate, *La pthifie ou mal de poulmon attaque pluftoft les jeu-nes perfonnes que les plus aagez, parce que ordinairement ce mal ne procede que de la forme de viure intemperante & exceffiue, à laquelle les jeunes gens font fu-jets*; c'eft pourquoy chacun doit eftre foigneux de garder vn regime de viure exquis & exact pour viure fainement &

G

se regler selon son temperament, son aage, ses forces & les saisons.

Pour la guerison des maladies qui arriuent à l'homme, il faut aussi en general, suiuant les loix de la Medecine, opposer le contraire des maux aux maux mesmes, à l'exemple de ce qui est expliqué dans la premiere maxime de ce Chapitre, à sçauoir opposer à la maladie chaude vne maniere de viure, & des remedes refrigeratifs, à la froide le contraire, & ainsi des autres.

Et finalement il faut estre fort exact dans la pratique des remedes, & n'en pas vser à contre-temps ; & premierement Platon nous aprend, *que le corps qui est en santé n'a pas besoin de medecine, parce que* (dit-il) *le*

medicament purgatif ne trouuant
aucunes humeurs qui luy soient propres pour les attirer & dissoudre,
fond les humeurs naturelles, comme il en arriue diuers accidents;
C'est pourquoy ceux-là abu-
sent de leur santé qui s'accou-
stument à prendre des purgatifs sans aucune indisposition,
& comme l'on dit par precaution, parce que souuent (dit
le mesme Autheur) ils s'attirent
les maux qu'ils veulent éuiter ; ce
qui doit toutesfois estre entendu des purgations fortes : car
pour des legeres, comme pti-
sannes simples, elles ne sont
pas nuisibles comme les autres,
bien qu'il faille tousiours tenir
cette maxime, que la vraye
medecine est de n'en point vser,
ainsi que nous n'en aurions iamais besoin sans nos déreigle-

mens parce qu'en effet la plus
grande partie des incommoditez qui nous furuiennent de
temps en temps qui ont befoin
de ces precautions ne nous arriuent que par noftre intempe.
rance qui trouble le concert
des humeurs, fi bien que fi nous
viuions toufiours auec ordre,
iamais nous ne ferions fujets à
ces accidents, ny à ces precautions.

Secondement ceux - là auffi
font tres mal qui mefme ayans
befoin de purgation, la pren-
nent inconfiderement, & fans
aucune precaution. (Car comme dit Mefué) *il faut toufiours
que l'euacuation precede la Medecine.* C'eft à dire que l'eftomach & le ventre foient rendus
libres par les voyes ordinaires.
Le temps le plus propre à la

purgation eſt au déclin de la
Lune, & iamais au Croiſſant ny
à la plenitude hors la neceſſité,
& choiſir, s'il eſt poſſible vn
temps frais, & éuiter les grandes chaleurs ; & ſur tout le regne de la Canicule, car la fievre
en arriue ordinairement.

En troiſiéme lieu, il faut
auſſi eſtre fort exact au boire &
au manger le iour de la purgation (en quoy pluſieurs faillent)
c'eſt à dire manger peu, & des
alimens de facile coction & de
qualité rafraiſchiſſante, c'eſt
pourquoy ceux-là bleſſent leur
ſanté qui le iour d'vn purgatif
boiuent & mangent indiffe-
ramment à leur ordinaire de
toutes ſortes de viandes, meſmes des fruits, laictages, & autres
alimens cruds ; car l'eſtomach
eſtant échauffé & émeu par

l'effet du remede, se trouuant chargé de quantité de mauuais alimens, les digere mal, d'où il arriue plusieurs fascheuses incommoditez qui augmentent le mal au lieu de le diminuer.

En quatriéme lieu, il faut aussi éuiter ce iour-là le grand air, la chaleur du Soleil, & l'exercice violent, mesme celuy qui est ordinaire par les mesmes raisons cy-dessus, à sçauoir que les remedes purgatifs ayans tous vne qualité chaude, par leur operation, ils échauffent le corps ; De sorte que ceux-là font encores tres-mal qui mesme apres l'operation agissent à leurs affaires comme aupararauant, & s'exposent au chaud, au froid & autres injures de l'air, parce que les humeurs estans encore émeus, & le corps fatigué par l'effet du remede, les moindres agitations du corps ou de l'ame troublent toute leur œconomie, & détruisent non seulement la vertu du purgatif. *Mais souuent nous attirent des maux que nous n'auions pas*, comme dit Asclepiades.

En dernier lieu, Hyppocrate deffend le dormir apres la prise d'vn purgatif, parce que, dit il, *la chaleur naturelle s'efforçant de le cuire & digerer, l'operation s'en trouue eneruée & affoiblie*; ainsi ce precepte ne doit pas estre negligé, puis qu'il est si important.

Il en est de mesme de la seignée dans laquelle il faut garder le mesme regime, à sçauoir l'euacuation precedente, à l'operation, l'vsage d'alimens de facile coction & rafraifchiffans, fuyant toutes cruditez, éuitant le chaud, le froid exceffif, les exercices, & agitations du corps & de l'ame, non feulement ce iour-là, mais auffi quelques vns des fuiuans; de mefme qu'il faut faire cette obferuation apres la purgation, parce que l'émotion des humeurs caufant alteration au corps iufques à ce qu'elles foient bien raffifes, & ne le pouuant eftre *qu'auec le temps & le repos*, comme dit Galien; *fi on ne donne ce loifir au corps de fe remettre dans fon premier eftat de fanté, il fe peruertit & fe gafte peu à peu & deuient enfin infirme.*

Pour le choix des alimens de facile coction, le iour de la purgation ou de la feignée, c'eft vne maxime generale que les plus faciles à cuire, font les plus familiers à l'eftomach, ce qui n'a pas befoin d'autre explication, puis que cette connoiffance eft triuiale. Entre tous les alimens qui reftabliffent plus promptement l'habitude du corps, apres vne maladie, *le laict tient le premier rang*, felon Diocles, & l'experience commune, celuy de vache eft bon pour les infirmitez des corps cacochifmes & pleins de mauuaifes humeurs, mais celuy d'aneffe excelle pour rafraifchir & nourrir, & pour fa qualité aperitiue.

Et voila en general quant au regime des alimens des fanguins, des bilieux, des pituiteux, & des mélancholics, & à la conduite qu'ils doiuent tenir dans l'vfage des remedes.

Pour ce qui eſt en particulier
de leur maniere de viure, & de
la conduite de leurs actions, ils
obſerueront en tout eſtat vne
meſme reigle, à ſçauoir que les
ſanguins doiuent éuiter les
exercices violans de crainte de
s'échauffer le ſang facile à s'en-
flammer de ſa nature, & par
ſon abondance dans le corps du
ſanguin.

Pour les bilieux, ils doiuent
auſſi eſtre ſoigneux de ne faire
iamais des actions par exercice
ou autrement qui échauffent
le corps, & enflamment les
prits ; car comme la bile
tient de la nature du feu, les
grandes agitations ſont nuiſibles, ſi bien qu'en general, ils
doiuēt eſtre moderez en toutes
choſes, ce qui ſe doit ſur tout
entendre des bilieux que l'on

nomme attrabilaires ; car pour ceux qui ont cét humeur tempé- ré, ils n'ont befoin, comme les mélancholics de cette natu- re, que du regime au boire & au manger, c'est à dire de la connoiffance de la faculté & qualité des alimens pour en vfer conuenablement à leur temperament.

Quant aux pituiteux, il n'en eft pas de mefine, l'exercice, leur eft bon, ainfi qu'il a efté dit, ils fe peuuent exercer fanscrain- te, & tout ce qui réueille la chaleur naturelle, leur eft pro- pre dans vn vfage moderé.

Et pour les mélancholics où domine vne chaleur eftrange- re, ils doiuent auffi éuiter les agitations du corps, & notam- ment de l'efprit facile à s'é- chauffer, à caufe de fa fubtilité

& ficité , de forte qu'il leur eft
neceffaire de garder à peu prés
le mefme regime que celuy des
bilieux attrabilaires. Et voila
auffi en particulier la conduite
des actions que chacun doit
tenir felon fon humeur dominant pour conferuer la fanté.

Pour la maxime generale à
tous , il y a de certaines reigles
particulieres , qui font hors du
regime du boire & du manger,
que chacun doit obferuer exactement pour éuiter les accidents qui procedent fouuent de
noftre mauuaife conduite ou
par noftre inexperience dans
l'vfage de toutes nos actions,
foit les neceffaires, ou les indifferentes, qui ne laiffent pas de
contribuer à noftre fanté. Car
par exemple comme l'excez du
trauail, de l'exercice, des veilles

&

& est fort dangereux à toutes
sortes de temperament, particulierement aux bilieux , &
mélancholics, qu'il échauffe &
desseiche beaucoup à cause , de
la pante de leur humeur dominant; aussi le trop d'oisiueté, de
repos, ou de dormir nuit à la
santé, & tout ainsi que les premiers extenuent & amaigris-
sent le corps , aussi les autres
l'apesantissent & le remplissent
de mauuaises humeurs, qui par
leur abondance , venans à se
corrompre , causent par leur
pourriture des fiévres & autres
incommoditez , dont les pa-
resseux sont attaquez; car comme, dit Hyppocrate , *il n'y a
rien qui vieillisse, tant que l'oisiueté ; l'exercice moderé entrete-
nant la chaleur naturelle, & chas-
sant les superfluitez hors du corps,*

H

c'eſt pourquoy Hyppocrate veut, *que le trauail, l'exercice, le manger, le boire, le ſommeil, & & les autres actions de noſtre vie ſoient pris auec mediocrité pour conſeruer la ſanté.*

Secondement il faut auſſi obſeruer ſoigneuſement de ne faire iamais d'exercice n'y de trauail du corps ou de l'eſprit, tant ſoit peu violant ſi-toſt apres le repas, ſur tout de celuy du ſoupé du moins de deux heures apres, ce qui eſt vn des importans preceptes de ſanté, & duquel peu de perſonnes ſont obſeruateurs. Ce qui cauſe la pluſpart des maux qui nous arriuent, parce que comme la ſanté dépend de la bonne œconomie & temperature des humeurs dans leur conſtitution naturelle, & le concert des

fonctions naturelles du corps,
la digeſtion de l'eſtomach qui
eſt vne des principales, eſtant
troublée & empeſchée dans l'a-
gitation du corps, ou l'abſtra-
ction des eſprits dans le trauail,
cela cauſe des deſuoyemens, des
dégouſts, des laſſitudes, & autres faſcheux accidents que cauſe le deſordre de l'eſtomach, &
ſur tout apres le ſoupé, dans
lequel temps l'exercice & le
trauail, (meſme le moderé)
ſont touſiours nuiſibles à la ſanté, particulierement aux bilieux
& mélancholics par accident
& aux perſonnes de delicate,
complexion, parce que la nuit
eſtant deſtinée pour le repos &
pour la coction des alimens pris
durant le iour, qui ne ſe fait
bien que pendant le repos de
la nuit ; ſi cette fonction eſt

interrompuë apres le soupé,
cela empefche le fommeil, &
par confequent la digeftion,
d'où il arriue des diarrées, op-
preffions d'eftomach, dégoufts,
& autres accidents, dont il a
efté parlé, & ce qui merite
bien d'eftre repeté pour en faire connoiftre l'importance.

Apres cette maxime generale, il y en a encores vne autre
qu'il faut foigneufement pratiquer, à fçauoir qu'il faut eftre
exact à tenir fon eftomach en
bon eftat, & fon ventre libre,
& c'eft icy le plus grand fecret
de la fcience de la conferuation
de la fanté. *La pareffe du ventre*
(dit Hyppocrate) *met tout le*
corps en confufion; ainfi celuy
qui defire de viure à fon aife
doit toufiours en procurer la
liberté, parce que le contraire

l'échauffe , & peruertit toute
son œconomie , car toutes les
maladies qui arriuent au corps
ne procedent pour l'ordinaire
que delà , de sorte que chacun
doit tenir son estomach net , &
prendre garde que la fonction
de l'autre soit libre , sinon il
faut auoir recours aux remedes benins & familiers qui
sont purgatifs , comme des pti-
sannes , les infusions de casse,
manne, sené, & semblables, lors
qu'il n'y a point de cause qui
l'empesche ; la diete aussi , sur
tout le soir, est tres-bonne, lors
qu'il n'y a point vne grande de-
bilité , qui procede de manque
d'aliment , car elle aide à la
chaleur naturelle à faire la digestion,& à décharger le corps
de ce qui luy est nuisible , ce
qui est souuent empesché par
H iij

la replexion des alimens, qui y ont engendré de mauuaifes humeurs qui y croupiffent. Car anciennement c'eftoit le remede vniuerfel pour la guerifon de la plus grande partie des maladies qui ne procedent ordinairement que de l'intemperance des hommes, & qui fe gueriffent par leur contraires, comme eft la diere, c'eft ce qui fit dire autrefois à Thimotée Capitaine Romain ; *que ceux qui foupoient chez Platon, s'en trouuoient bien encores le lendemain à caufe de la frugalité de la table de ce Philofophe.*

Mais il y a encores des alimens laxatifs dans leurs faifons dont on peut vfer, comme de la chair de veau, du beure frais le matin auec du pain à jeun ; le miel eft auffi vn bon aliment

pour cét effet mangé à jeun
auec du pain, *car il eſt fort laxa-*
tif & amy de la Poiƈrine, ſelon
Galien. La griote, la meure &
la pomme dans leurs ſaiſons,
ſur tout celle de renette, & de
rambourg cuites, auſſi à jeun,
& ſur tout le jus de pruneau de
damas en tout temps, qui eſt
vn ſouuerain remede à toute
ſortes de perſonnes, & facile à
pratiquer pour la precaution,
lors du moindre deſordre qui
arriue aux fonƈions du ventre,
à ſçauoir d'en prendre cinq
ou ſix cueillerées demy heure
auant le repas pendant deux ou
trois iours de la ſepmaine, lors
que l'on s'y ſent obligé, car ce
jus rafraiſchit & purge beni-
gnement ; il eſt bon d'y adjoû-
ter le poids d'vne once de ſu-
cre pour le rendre plus agrea-

ble & aperitif ; il y en a qui y
mettent du fené, ce qui eft bon
pour ceux qui font mal-aifez
à émouuoir ; mais comme il
échauffe vn peu & qu'il eft
venteux , il n'en faut vfer que
dans la neceffité. Ce qu'il y a
toutesfois à obferuer , c'eft que
ce jus n'eft pas propre aux efto-
machs cacochifmes & pleins
d'humeurs de longue-main ,
car il s'y pourroit corrompre ,
n'ayant qu'vne legere faculté
purgatiue , qui ne conuient
dans le bon vfage qu'à des perfonnes de bonne conftitution
aufquelles accidentellement, il
peut arriuer des legeres indif-
pofitions dont le cours peut
s'arrefter par cette douce & familiere precaution.

Ainfi tenans l'eftomach net,
& le ventre libre , ce foin pro-

duit deux effets falutaires à la fanté ; le premier, que cela conferue noftre appetit naturel au boire & au manger qui eft vn fingulier plaifir ; & le fecond, que cela nous tient gays & fains , & nous exempte de plufieurs infirmitez qui procedent ordinairement de l'impureté de l'vn & de l'autre.

En fuite il faut auffi obferuer exactement comme vne des importantes maximes du regime de fanté, de ne receuoir iamais du grand froid ny d'humidité aux pieds , & notamment au cerueau , lequel ayant relation auec toutes les autres parties du corps, & eftant de conftitution plus froide & humide qu'aucune autre ; s'il fouffre du froid, de l'humidité, mefme du chaud exceffif, comme celuy du

Soleil, il les communique à toutes les parties, & y produit diuers accidents, comme rhumes,
rhumatiſmes , fluxions ſur la
poictrine, ſur les dents, & ſur les
yeux, flux de ventre, & autres
maux qui arriuent lors que cette partie ſouffre quelques vnes
de ces choſes, & à ceux qui in-
conſiderement endurent du
chaud, du froid, ou de l'humidité à la teſte, & ces deux derniers au pieds. De ſorte qu'il
faut fuïr autant qu'il eſt poſſible, les lieux trop humides ſelon les ſaiſons, notamment l'ha-
bitation des baſtimens neufs
tres-dangereuſe en tout temps
à toutes ſortes de perſonnes, &
d'où il arriue ſouuent des
grands accidēts par cette inexperience , ou du moins il ſe
faut precautionner la nuit, en

se couurant bien la teste, & ne
pas croire l'opinion vulgaire
qu'il ne se faut pas tant couurir
le cerueau ; car Hyppocrate
nous apprend, *que le chaud est
amy de la teste à cause du peu de
chaleur qu'a cette partie, que le
froid blesse tousiours.* C'est pourquoy il y a de l'inconsideration
à ceux qui sans necessité souuent se tiennent la teste décou-
uerte aux injures du temps &
de la saison.

Enfin il y a encores d'autres
preceptes en general qu'il est
aussi necessaire d'obseruer pour
la conseruation de la santé, qui
se rencontrent dans les actions
de la vie, qui en apparence
semblent indifferentes, comme
il a esté dit, bien qu'en effet
elles ne le soient pas à cét
égard, côme il sera remarqué.

Le premier eſt qu'il ne faut
iamais dormir couché ſur la
plume ou le duuet, ny ſur les
reims à cauſe qu'ils les échauffent, & rarement ſur le coſté
gauche, mais touſiours *ſur le
droit où eſt le foye*, ſelon le ſenti-
ment d'Hyppocrate, & des anciens Docteurs de la Medecine ; comme auſſi prendre garde de ne pas dormir la bouche ouuerte, ce qui eſt tres-
mal ſain ; de meſme que de faire chauffer le lit, ſur tout les
jeunes-gens, parce que cela
échauffe le ſang, & ſeiche l'habitude du corps, qu'il faut toûjours tenir humide, comme il a
eſté dit, mais il faut prendre
garde en ſe leuant du lit de
ne prendre pas du froid, & al-
ler d'vne extremité à l'autre,
comme il arriue à pluſieurs
qui

qui fortant d'vn lit chaude-
ment fe laiffent refroidir à l'humidité ou fraifcheur de l'air, ce
qui eft tres-dangereux & contraire à la fanté, caufant fouuent des fiévres & autres accidents fafcheux.

Le fecond qu'il ne faut iamais
dormir incontinent apres le repas, fur tout de celuy du foupé, à caufe que ce dormir n'e-
ftant pour l'ordinaire qu'vn
affoupiffement que les vapeurs
des viandes nouuellement pri-
fes caufent, il ne peut eftre bon
ny naturel; au contraire, il engendre des mauuaifes hu-
meurs, & trouble & empefche
le repos de la nuit, tellement
que ceux-là font tres-mal, qui
(comme l'on dit) font vn faut
de la table au lit; car cela eft
tout à fait mal-fain. Auffi il fe

I

remarque que ceux qui pren-
nent cette habitude qu'ils ont
ordinairement vne mauuaife
couleur, & qu'ils viuent moins
fainement & à leur aife, que
ceux qui obferuent les ordres
de la nature dans les fonctions
du iour & de la nuit. En effet
cét aduis eft de telle importance qu'il y a eu des Autheurs les
plus renommez, qui ont fait
dans leurs œuures des chapi-
tres entiers des accidents de ce
fommeil & de celuy de midy, &
d'apres les repas, rapportez par
l'Autheur du Liure de l'Efcole
de Salerne, qui en donne entr'autres raifons vne fort plaufi-
ble. (Il dit) *que ce dormir trouble*
l'ordre que la nature a mis au mõde,
de veiller le iour, & dormir la nuit,
& que d'ailleurs ce fommeil eftant
trop court pour faire vne coction

parfaite, & rappellant au dedans la chaleur que la lumiere du iour attire au dehors, cela fait que le corps se charge d'excremens, & fait ensuite le leuain des maladies, d'estruisant enfin le temperament.

Il y à toutesfois vne exception dans cette maxime, & vn aduis à donner à ceux qui se voudroient corriger de cette coûtume, car il ne faut pas l'a quitter tout à coup, mais peu à peu, car tous les changemens de viure trop subits sont dangereux, puisque comme dit le Prouerbe, *L'habitude est vne seconde nature*, comme aussi ce dernier peut estre permis aux malades, aux enfans, aux vieillards, & à ceux qui sont fatiguez par vn exercice violent, pourueu que ces deux derniers n'en fassent pas vne habitude. Pour le veritable temps du dormir aux personnes saines, il est de sept heures, *le moins échauffe, & le plus remplit le corps de mauuaises humeurs* (selon Galien.) *Le boire au coucher*, est aussi mal-faisant selon le mesme Autheur.

En troisiéme lieu, qu'il ne faut iamais manger dans le moment que le corps est échauffé, mais attendre que le sang & les esprits soient calmes & appaisez, & sur tout de se reigler dans ses repas, & ne pas boire & manger à toute heure comme font plusieurs, ce qui est tres-nuisible à la santé, amaigrit le corps en troublant à contre-temps la fonction de l'esto-mach, sur tout des personnes delicates; Il faut d'ailleurs *moins manger au soupé qu'au disné* (dit Fucce) parce qu'il y a plus

de temps pour la coction des
a'imens du foupé au difné du
lendemain , qu'entre le difné
& le foupé d'vn mefme iour, &
qu'ainfi mangeant peu le foir,
la coction eftant mieux faite au
difné du lendemain , on peut
manger plus liberalement ,
parce que d'ailleurs l'exercice
qu'on fait le iour aide beaucoup à digerer les viandes , ce
qui procure vn fommeil doux
& tranquille , mais fur tout
il deffend au foir les viandes
qui caufent la foif, comme pa-
tifferies & autres viandes fa-
lées & efpicées, qui excitent la
foif. Que fi quelqu'vn nefe peut
pas empefcher de manger
beaucoup à foupé , (dit le mefme Autheur) *du moins il fe doit
mettre tard au lit , trois ou quatre
heures apres le foupé , faire vn peu*

d'exercice, & sur tout se garder de la lecture. Il se faut aussi presenter à faire de l'eau lors que l'on
sort de quelque exercice violent, & auant que l'on vienne
à manger, qui est vn aduis important ; comme aussi de ne l'a
iamais retenir en tout temps,
car il en peut arriuer de grands
accidents, dont plusieurs igno-
rent la cause ; se lauer les mains
n'est pas moins vn precepte de
santé que de propreté, *car la
fraischeur de l'eauë* (dit Galien)
*à ces extremitez, repousse la chaleur
au dedans du corps qui aide à la
digestion du repas.* Et enfin sou-
per sobrement si l'on veut se
procurer vn sõmeil agreable au
corps & à l'esprit, sur tout ceux
qui sont humides & phlegma-
tifs. Il faut aussi prendre garde
à vne chose que plusieurs font.

apres le repas, qui leur cauſe
d'eſtranges accidents; c'eſt le
bain qui eſt fort dangereux
pris lors que l'eſtomach eſt
plain de viande, car il n'en faut
iamais vſer que la coction du
repas ne ſoit faite ; & meſme
il eſt encores plus ſeur de ſe
precautionner auparauant, par
quelque purgation, ſur tout les
perſonnes delicates ou mal-
ſaines.

Le quatrieſme, *qu'il ne faut
iamais boire trop frais* (dit l'A-
phoriſte) *comme à la glace*, ainſi
qu'il a eſté dit ; ce qui eſt ennemy de la poictrine, excite la
toux, émeut les rhumes, & cauſe
les goutes ſur le déclin de l'âge,
& autres accidents dont il a eſté
parlé, qui font déreſter, mais
trop tard, ces ſortes de voluptez
& licences de la ieuneſſe, ce qui

merite bien d'eſtre reperé, à
cauſe de l'importance de l'aduis.

Le cinquieſme, qu'il ne faut
iamais ſouffrir ſur le corps du
linge humide, mais le quitter
auſſi toſt qu'il eſt poſſible. Le
feu auſſi dans ce moment fait
du bien & délaſſe; mais le mépris de ce precepte attire la
plus grande partie des maux
qui arriuent à ceux, qui apres
vn exercice violent, ſe laiſſent
refroidir ſans vſer d'aucune precaution; ce qui eſt tres-dangereux. Mais il faut auſſi obſeruer
de ne ſe pas approcher trop
toſt du feu apres le repas, afin
que par le froid exterieur (c'eſt
à dire le moderé,) la chaleur
ſe renant cloſe pour quelque
temps, elle agiſſe mieux ſur l'a-
liment; & pour empeſcher que

la chaleur du feu n'éuoque au dehors la naturelle, qui eſt neceſſaire au dedans, pour faire la digeſtion des viandes priſes dans le repas: C'eſt pourquoy *ceux-là font tres-mal* (dit Celſe) *qui au ſortir de la table en hyuer, s'approchent auſſi-toſt d'vn grand feu*, ce qui eſt contraire à la ſanté.

Le ſixieſme, qu'il ne ſe faut iamais peigner à vn air froid ou humide, ny au ſerain, & la nuit, à cauſe que cela bleſſe le cerueau. Il faut auſſi eſtre ſoigneux de ſe bien peigner tous les matins, pour faire tomber la craſſe, dont la teſte ſe charge plus que les autres parties du corps, tant à cauſe de ſa ſituation, que pource qu'elle contient le cerueau, qui eſt plus excrementeux luy

feul que tout le reste : Et fur
tout fe peigner en arriere, & iamais fur le deuant, *pour purger
le cerueau, exaler les fumées
des viceres, qui autrement pourroient corrompre les alimens (fe-*
lon Hyppocrate) *fubtilifer les
efptits, conforter les yeux, & pour
empefcher la cheute du poil, dont
l'abondance de la craffe corrompt
la racine,* qui font des vtilitez
qui meritent bien vne obferuation exacte de ce precepte.

Le feptiefme, ne manger iamais des alimens abftraingeans
deuant le repas, mais apres, &
les laxatifs à l'entrée, & laiffer
toufiours vne diftance raifon-
nable de fix à fept heures entre
les deux repas, car autrement
la digeftion fe fait mal & in-
commode l'eftomach, fur tout
des perfonnes délicates ou in-

firmes: Mais fur tout, il faut fuïr
tant que l'on peut, la maniere
& l'vfage de la plufpart des ta-
bles, où apres le repas l'on fert
des fruits cruds, du lait caillé,
& autres defferts cruds & froids,
qui empefchent l'eftomach de
bien faire fa fonction ; car
pour cela il a befoin de chaleur pour cuire les alimens ; fi
bien qu'il faut pluftoft vfer d'a-
limens chauds & aftraingeans,
que des froids & laxatifs qui
font dangereux. Ainfi le fromage, le bifcuit, le coing &
l'anis confit fontmeilleurs pour
deffert à l'eftomach, que les
fruits cruds & autres alimens
humides & laxatifs, qui troublent toute font œconomie,
dont il arriue plufieurs fafcheux accidents. Il faut feulement obferuer, que l'vfage du

fromage doit estre en petite quantité, parce que de sa nature il est terrestre & indigeste, suiuant ce prouerbe, *de chiche main bon fromage.*

Le huictiesme, d'inuiter tous les matins la nature à faire son deuoir dans l'expulsion des choses qui luy sont à charge, soit que l'on s'y sente disposé ou non, & s'accommoder sans contrainte à toutes ses necessitez.

Le neufiesme, ne manger & boire iamais chaud & froid tout ensemble, comme font ceux qui boiuent en mengeant la soupe; ce qui nuit à l'estomach & gaste les dents.

Le dixiesme, de les froter tous les matins au leuer, auec vn linge de toile vn peu cruë, pendant que l'haleine est enco-

re

re chaude pour en oſter la craſſe qui s'y met durant le ſommeil, ce qui les roüille & les
pourrit ; comme auſſi les lauer
apres le repas de vin pur, pour
fortifier les genſiues, affermir
les dents, empeſcher leur carie,
& rendre l'haleine plus douce,
ce qui n'eſt pas moins vn precepte de ſanté, que de propreté.

Le vnzieſme, éuiter la chaleur du Soleil & l'humidité du
ſerain à la teſte, ſur tout les
femmes qui l'ont ordinairement deſcouuerte, & qui s'ex-
poſans ainſi le iour, ou la nuit
aux injures de l'air, s'attirent
ſouuent des fluxions ſur les
dents, ſur la poictrine, & pluſieurs autres incommoditez,
qui arriuent du mépris ou de
l'ignorance dece precepte, qui

eſt vn des plus importans à la
conſeruation de leur ſanté, ainſi
que de leur beauté.

Et le douziéme d'eſtre toûjours fort moderé dans l'vſage
du plaiſir des deux ſens auquel
l'homme eſt le plus enclin. Car
comme la goûte (qui eſt le plus
ſenſible de tous les maux) ne
procede ordinairement, (ſelon
Hyppocrate) *que de la super-*
fluité des humeurs que nous cauſe
l'intemperance, & les fautes com-
miſes en la maniere de viure, &
que la ſaturité eſt la mere forma-
trice des goûtes (d'où vient que
cette maladie eſt appellée *enne-*
mie des pauures, à cauſe que la fain
& le trauail l'exterminent. Ce
qui a fait dire à vn celebre Autheur, *que du temps d'Hyppo-*
crate, il y auoit peu de goûteux,
parce que les hommes viuoient plus

frugalement.) Auſſi *l'excez à l'autre plaiſir* (dit Fucce) *debilitant
les parties nerueuſes de noſtre corps,
les enerue & affoiblit , & eſt la
principale cauſe de la goûte.* Ce qui
a fait dire à Hyppocrate, *que
les enfans auant que d'auoir connoiſſance des femmes ne ſçauent ce
que c'eſt que de la goûte* ; & à
Ouide, *que l'amour & le vin attire au corps vn meſme venin,*
bien qu'il ne faille pas prendre
ces deux vers au pied de la let-
tre, mais entendre de l'excez
de l'vn & de l'autre. Puis que
l'on ſçait par experience qu'vn
amour honneſte & reglé, eſt vtile à la ſanté , inſinuant au corps
vne chaleur temperée qui occupe la poitrine & l'eſtomach,
& aide merueillement à la na-
rurelle, pour la digeſtion des
alimens, de meſme que le vin

pris moderement. Il faut au
fuïr la tristesse & la mélancho
lie dont les effets sont d'amai
grir, refroidir, & deseicher le
corps, & finalement d'esteindre
la chaleur naturelle, selon ces
belles paroles du Sage. *La tristesse deseiche les os; & ces autres. Qui
releuera le cœur abatu, mais celuy
qui est gay maintiét l'age florissät.*

Ainsi chacun estant soi-
gneux de connoistre en quoy
consiste la Medecine, le principe de la nature, l'humeur ele-
mentaire, le temperament, la
chaleur naturelle, l'humide radical, & l'humeur dominant,
& de temperer ce dernier
par l'vsage des alimens & des
actions de la vie qui luy sont
propres, fuyant & éuitant les
excez du boire, du manger, du
trauail, (sur tout apres le re-

pas) de l'exercice , du repos
d'oisiueté , & du dormir, tenant soigneusement son estomach en bon estat & son ventre libre, gardant son cerueau
de la chaleur du Soleil , de l'humidité & froidure de l'air , &
ses pieds des deux derniers,
fuyant la tristesse , éuitant la
colere, & les autres passions qui
troublent la tranquilité de l'esprit, & qui ordinairement peruertissent toute l'œconomie du
corps ; & en general obseruant
les douze maximes cy-dessus,
asseurement il se procurera
vne vie douce & agreable, &
sans vser de Medecin, n'y de
medecine ; il viura heureusement le temps que Dieu a or-
donné, puis que la santé fait le
vray bon-heur de la vie, du
moins des personnes hors du

commun, & qui d'ailleurs ont
les choſes neceſſaires pour ſes
beſoins ; & leſquelles ne doiuent rien auoir de ſi chair dans
le monde (apres le ſoin du Sa-
lut) que le bien de la ſanté qui
donne le goût à tous les autres;
car pour toutes ſortes de perſonnes indifferemment , & leſquelles ne peuuent à cauſe de
leur profeſſion ou autrement
obſeruer ces preceptes, à ceux-
là bien que cét aduis leur ſemble inutile. Toutesfois comme
la ſanté eſt neceſſaire à vn chacun , meſme aux plus miſerables qui en ont le plus de beſoin, ils s'en ſeruiront ſi bon
leur ſemble , ſelon l'intention
de l'Autheur, encores que cét
Ouurage ne ſoit pas fait dire-
ctement pour eux , mais pour
les perſonnes éleuées és pre-

mieres dignitez ; ces grands hommes, qui employent si vtile-ment tous leurs soins pour le bien de cét Estat, & dont la conseruation est si necessaire à la France , & au public , & pour celles qui sont raisonna-bles , & que l'amitié pour leurs familles , & pour leurs amis, doit obliger à ce deuoir , & qui ne preferent pas le plaisir trom-peur des Sens, à la douceur d'v-ne vie saine ; & enfin à ceux ausquels parle l'Empereur Ti-bere, lors qu'il dit, *que passé tren-te ans le Sage ne se doit plus seruir de Medecin;* C'est à dire que sa conduite Morale le luy doit rendre inutile, & que la tem-perance au boire , au manger, & dans nos actions nous pre-serue de toutes les incommo-ditez que les excez attirent au

corps, & qui ruinent la ſanté,
qui eſt ſans doute le plus doux
de tous les biens, & comme le
Paradis de cette vie, puis que
tout plaiſt auec elle, & que ſans
elle rien ne contente ; & qu'en
vn mot elle eſt vn treſor qui
ſeul n'eſt pas ſujet aux caprices
de la fortune.

F I N.

SONNET
à l'Autheur.

Qve ta conclusion paroist
solide & belle,
Qu'elle est ingenieuse à nous sol-
liciter
A la sobrieté, comme au parfait
modelle,
Que le sage se forme, & qu'il faut
imiter.

Toute l'antiquité fit voir le mesme
zele;
Les Grecs & les Romains vou-
lant faire observer,
Que la science heureuse à la race
mortelle,
Est celle qui luy montre à se bien
conseruer.

Qu'elle honte au Chrestien, il ne
sçait profiter

Des conseils qu'on te voit si sça-
uamment traiter ;
Ioignant la Medecine auec la
Morale.

***

Car cette temperance au boire &
au manger ;
Qui fuyant tout excez, éuite tout
danger,
N'est-ce pas du bon-heur la cause
principale.

DE LORME.

AV MESME.

Dalicourt que ton sort est
bien digne d'enuie ?
Que tu te rends fameux, dai-
gnant nous secourir ;
Ton secret aux mortels pour conseruer leur vie,
Et pour toy le secret de ne iamais
mourir.

P.

eres-expreſſes defenſes à toutes perſonnes de quelque qualité & condi-
tion qu'elles ſoient d'imprimer, faire
imprimer, vendre ny debiter led. Liure ſans le conſentement dudit ſieur
Dalicour, ou de ceux qui auront
droict de luy aux peines & ſuiuant
qu'il eſt plus amplement porté par
ledit Priuilege.

Acheué d'imprimer pour la premiere fois, le 7. Septembre 1666.

Les exemplaires ont eſté fournis.